Como garantir uma aposentadoria tranquila

Copyright 2012 by Reinaldo Domingos

Direção editorial: Simone Paulino
Projeto gráfico e diagramação: Terra Design Gráfico
Editora-assistente: Silvia Martinelli
Produção editorial: Maíra Viana
Redação: Erika Mazon
Produção gráfica: Christine Baptista
Revisão: Assertiva Produções Editoriais
Impressão: Intergraf Ind. Gráfica Ltda.

Todos os direitos desta edição são reservados
à DSOP Educação Financeira Ltda.
Av. Paulista, 726 – cj. 1210 – 12º andar
Bela Vista – CEP 01310-910 – São Paulo – SP
Tel.: 11 3177-7800 – Fax: 11 3177-7803
www.dsop.com.br

```
Dados  Internacionais  de  Catalogação  na  Publicação  (CIP)
       (Câmara  Brasileira  do  Livro,  SP,  Brasil)

    Domingos, Reinaldo
       Como garantir uma aposentadoria tranquila /
    Reinaldo Domingos ; redação Erika Mazon. --
    São Paulo : DSOP Educação Financeira, 2013. --
    (Coleção dinheiro sem segredo ; v. 10)

       ISBN 978-85-63680-76-1

       1. Dinheiro 2. Economia doméstica 3. Finanças
    pessoais - Decisões 4. Finanças pessoais -
    Planejamento 5. Investimentos 6. Matemática
    financeira 7. Poupança e investimento I. Bueno,
    Marina. II. Título. III. Série.


13-01197                                           CDD-332.6
```

Índices para catálogo sistemático:

1. Educação financeira : Economia   332.6

DINHEIRO SEM SEGREDO

Como garantir uma aposentadoria tranquila

REINALDO DOMINGOS

dsop

Sumário

Apresentação 8

Futuro tranquilo

E se você viver até os 100 anos? 13

Aprenda a poupar 17

Invista em sua carreira 21

Plano estratégico

Busque sua independência 27

Calcule seu futuro 30

Invista hoje em sua aposentadoria 34

Beneficie seus filhos 38

Aposentadoria na prática

Planeje sua reserva 47

Programe a adesão a um plano 50

Entenda a previdência privada 53

Descanso merecido

Todo cuidado é pouco 61

Livre-se dos equívocos 64

Usufrua com segurança 67

DSOP Educação Financeira 70

Reinaldo Domingos 72

Contatos do autor 74

Apresentação

A Coleção **Dinheiro sem Segredo** foi especialmente desenvolvida para ajudar você e muitos outros brasileiros a conquistar a tão sonhada independência financeira.

Nos 12 fascículos que compõem a Coleção, o educador e terapeuta financeiro Reinaldo Domingos oferece todas as orientações necessárias e apresenta uma série de conhecimentos de fácil aplicação, para que você possa adotar em sua vida a fim de equilibrar suas finanças pessoais.

Questões como a caminhada para sair das dívidas, a realização de sonhos materiais como a compra da casa própria e a melhor forma de preparar uma aposentadoria são abordadas numa leitura fácil, saborosa e reflexiva.

Os fascículos trazem dicas de como lidar com empréstimos, cheques especiais, cartões de crédito e financiamentos, todas elas embasadas numa metodologia própria, que já ajudou milhares de brasileiros a ter uma vida financeira melhor e a realizar seus sonhos.

Observador e atento, Reinaldo faz uso de tudo o que ouve em seu dia a dia como educador e consultor financeiro para explicar o que se deve ou não fazer quando o assunto é finanças. As dicas e ensinamentos que constam nos fascículos são embasados pela Metodologia DSOP, um método de ensino desenvolvido pelo autor que consiste em diagnosticar gastos, priorizar sonhos, planejar o orçamento e poupar rendimentos.

Futuro tranquilo

E se você viver até os 100 anos?

Aprenda a poupar.

Invista em sua carreira.

E se você viver até os 100 anos?

Você sabia que nos últimos cinquenta anos a expectativa de vida do brasileiro aumentou mais de 25 anos? Isso significa que, em meio século, a idade média das pessoas passou de 48 para 74 anos. Consequentemente, a participação da população idosa, ou seja, com mais de 65 anos, no total da população saltou de 2,7% para 7,4%.

Não tenho dúvidas de que essa evolução é uma boa notícia. Afinal, quem não deseja ter uma vida longa, principalmente se for com saúde? O problema está em harmonizar esse cenário com a nossa cultura de total descaso com o amanhã.

Sim, porque a maioria das pessoas está acostumada a pensar apenas no momento presente. O que vemos hoje ao nosso redor são homens e mulheres tomados por um sentimento imediatista, ávidos por viver intensamente o dia de hoje e aproveitar o que estão vivendo agora. E justamente por isso não querem e não conseguem se programar para viver um futuro com qualidade e estabilidade financeira.

Além disso, agrava mais ainda a situação o fato de que, para muitos, consumir é um dos maiores prazeres, que deve ser feito com intensidade, como se não houvesse amanhã. O raciocínio dessas pessoas é de que tudo deve ser aproveitado hoje. Afinal, segundo elas, não sabemos quanto tempo de vida teremos. "E se não estivermos aqui amanhã? O negócio é satisfazer os desejos imediatamente", elas pensam.

Mas, como terapeuta e educador financeiro, é meu dever alertá-lo para a seguinte questão: e se ocorrer o contrário? E se essas pessoas – você entre elas – estiverem destinadas a viver até os 100 anos?

Mesmo que hoje a sua situação seja confortável, você já parou para pensar se terá condições de manter o atual padrão até o final da sua existência? Se já pensou nisso e a resposta foi "sim", parabéns. Você faz parte de um pequeno grupo capaz de se estruturar e conservar a saúde financeira no futuro.

Mas se sua resposta foi "não", ou seja, não teria como manter a mesma vida que leva hoje, você é uma entre muitas pessoas que precisam rever o próprio comportamento para encontrar formas de poupar parte dos seus ganhos atuais para garantir um futuro tranquilo e enfrentar possíveis imprevistos.

A situação é séria! Segundo pesquisas sobre esse tema, 46% dos aposentados dependem de parentes para se sustentar, enquanto 28% dependem de caridade, 25% são obrigados a continuar trabalhando para sobreviver e apenas 1% é financeiramente independente.

Você deve conhecer pessoas que vivem essa realidade, ou seja, que um dia já estiveram em uma situação financeira estável e hoje dependem de alguém para sustentá-las. Além disso, estima-se que, a partir de 2030, a população com mais de 45 anos vai aumentar.

Por um lado, a convivência entre gerações maduras e jovens é saudável, pois uma tem sempre o que aprender com a outra. Mas, se o contingente de idosos não vive de forma saudável, os problemas podem ficar cada vez mais críticos.

Estudos indicam que, no Brasil, 3,1 milhões de idosos encontram dificuldades para dar conta, sozinhos, de tarefas simples como tomar banho, usar o banheiro e até comer. Se essa já é uma constatação triste, a situação tende a ficar ainda mais grave justamente com a constante ampliação da expectativa de vida.

Por isso, quem deseja um futuro diferente tem de começar a construí-lo agora. Como? Poupando e adotando o hábito de guardar parte do que ganha antes de sucumbir ao desejo de sair comprando tudo o que vê pela frente.

Uma forma de fazer isso é anotar em um caderninho todos os gastos, dos maiores aos mais simples, como a compra de um café ou uma bala. Se fizer isso diariamente por um ou dois meses, considerando todas as despesas, você conseguirá responder a uma pergunta que certamente já deve ter feito a si mesmo: "Para onde vai o meu dinheiro?".

Para facilitar esse processo, você pode utilizar o Apontamento de Despesas, disponibilizado no primeiro fascículo da Coleção Dinheiro Sem Segredo e no Portal da DSOP Educação Financeira (www.dsop.com.br). Ele vai ajudá-lo a relacionar os gastos divididos por dia, valor, forma de pagamento e tipo de despesa.

Veja, a seguir, qual a melhor maneira de poupar e outras formas que podem ser adotadas a partir de agora para garantir um futuro tranquilo.

Aprenda a poupar

Mesmo quem acredita que ganha pouco pode descobrir que há espaço para poupar. E nem é preciso grandes sacrifícios para isso. Evite almoçar fora de casa, por exemplo. Se o seu trabalho for perto de casa, programe os seus horários de forma que consiga fazer as refeições no lar. Além de mais econômica, essa solução contribui para que você se mantenha em forma, consumindo alimentos mais frescos e saudáveis.

Caso a distância torne inviável a adoção dessa estratégia, procure levar almoço ou lanche de casa, em embalagens plásticas próprias para serem aquecidas. Muitas empresas mantêm à disposição dos funcionários uma copa e cozinha equipadas com forno de micro-ondas e refrigerador.

Antes de começar essa mudança de hábito, calcule a economia que ela pode proporcionar: estime o seu gasto diário com almoço em restaurantes e lanchonetes e multiplique pelos dias de trabalho na semana e depois no mês. Compare esse gasto com o custo das refeições em casa e perceberá a grande diferença.

A mesma lógica vale para os finais de semana. Evite sair para almoçar ou jantar fora apenas por comodismo ou por preguiça de preparar a refeição. Elabore um lanche, leve a um parque e transforme o almoço em um passeio com piquenique. Jantar com os amigos também é um programa que, além de prazeroso, pode ser econômico: reúnam-se em uma das casas, para onde cada um pode levar um prato ou uma bebida. Todos ficarão à vontade e se divertirão gastando pouco.

Lembre-se também de evitar desperdícios, nunca comprando mais do que é capaz de consumir. Além disso, aproveite ao máximo os alimentos. Com criatividade, as sobras podem ser transformadas em novos e deliciosos pratos.

Outra boa solução é ter em casa vasos com ervas aromáticas: você tempera suas receitas com folhas frescas, enfeita sua casa e ainda reduz alguns itens na lista de compras. O mesmo vale para a água potável: em vez de comprá-la engarrafada, adquira um filtro. Se você tem o hábito de carregar consigo uma garrafinha de água, mantenha sempre a mesma embalagem, enchendo-a em casa antes de sair.

Em relação às compras, fique atento às promoções nos supermercados e hipermercados. Leve sempre para casa os jornais com anúncios e confira as ofertas. Mas contenha-se, afinal, não é porque o preço é atraente que o produto deve ser comprado. Avalie sua real necessidade e o prazo de validade para se certificar de que esse item será consumido antes de estar vencido.

Muitos estabelecimentos também mantêm programas especiais de relacionamento para os clientes, em que é possível acumular pontos e trocar por brindes ou descontos em produtos. Informe-se sobre promoções nos locais onde costuma fazer compras e, se não houver, passe a consumir em estabelecimentos que ofereçam vantagens.

Independentemente do local das compras, procure sempre levar uma listinha com os itens que foram marcados no decorrer da semana. Isso evita que você compre além do necessário e gaste mais do que o programado. Mesmo com a lista, compare preços e opte por marcas mais baratas. Da mesma forma, nas farmácias prefira, sempre que possível, os medicamentos genéricos.

Reduzir as despesas fixas também faz grande diferença no orçamento. Assim, não deixe luzes acesas nos cômodos que não estiverem sendo usados; tome banhos rápidos; ligue a máquina de lavar louça ou roupa somente quando estiverem com sua capacidade máxima de lotação; feche a torneira enquanto escova os dentes; e avalie se é mesmo necessário ter uma linha de telefone celular e outra fixa.

Além disso, sempre que possível, deixe o carro em casa e utilize o transporte público ou adote, com grupos de colegas de trabalho, a carona solidária. Reduza também a quantidade de cartões de crédito, que são um chamariz para o consumo: mantenha apenas um, para emergências, e procure deixá-lo em casa.

Dedicar-se à cultura e à boa forma também pode custar pouco se você usar a criatividade. Se gosta de ler, ouvir música e assistir a filmes, em vez de comprar livros, CDs e DVDs, frequente bibliotecas ou peça emprestado (e empreste) aos seus amigos. Em sebos é possível encontrar esses produtos a um preço bem mais em conta do que nas livrarias e megastores.

Outra boa pedida é conferir a programação cultural da cidade e verificar as atrações gratuitas ou disponíveis a preços populares. Parques, praças, feirinhas de artesanato e outros espaços públicos costumam ser palco de shows e peças teatrais nos finais de semana. A internet pode ajudá-lo a consultar a agenda cultural e esportiva de clubes que oferecem descontos para categorias profissionais, como bancários e comerciários.

Com o esporte é a mesma coisa: alguns parques são dotados de equipamentos de ginástica ou bicicletas para alugar, além de pistas para caminhadas e corridas. Outra ideia é adquirir DVDs que ensinam movimentos de ioga, pilates e outras artes que podem ser praticadas em casa. Há ainda programas de aulas gratuitas de hidroginástica, alongamento e outras modalidades ofertados por clubes de categorias profissionais. Pesquise em sua cidade.

Com todas essas dicas, minha intenção é alertá-lo para a importância de começar a construir hoje, e aos poucos, a sua aposentadoria. Lembre-se: poupar é uma das formas de assegurar um futuro tranquilo.

Invista em sua carreira

Sua condição de vida depois da aposentadoria pode depender também da forma como você encara sua carreira profissional e se comporta no mercado de trabalho.

É importante não ficar desempregado, pois quanto mais lacunas houver em sua carteira de trabalho, mais vai demorar para se aposentar e receber os benefícios da Previdência Social. Para quem é autônomo, a ideia é a mesma: nunca deixar de contribuir com o INSS.

Permanecer por mais tempo registrado no mesmo emprego também é recomendável para ampliar as verbas trabalhistas. Assim, antes de ficar pulando de empresa em empresa, o melhor é avaliar se a mudança realmente vale a pena, considerando não apenas o salário, mas também outras despesas relacionadas a transporte, alimentação, etc.

Hoje em dia, muitas empresas oferecem aos profissionais um leque de benefícios que inclui planos de previdência privada em que patrões e empregados contribuem mensalmente. Se estiver empregado em uma empresa que dispõe do benefício, não deixe de participar. E, se tiver a chance de mudar de emprego, considere esse benefício para tomar sua decisão. Se receber uma proposta e houver espaço para negociar, condicione sua ida à oferta de um plano previdenciário.

O empenho para garantir uma aposentadoria satisfatória passa ainda por receber bons salários. Isso exige planejar a carreira, se programar, aproveitar as oportunidades, se candidatar a vagas internas e, principalmente, manter-se atualizado quanto às novas técnicas da profissão, seja ela qual for.

Várias pesquisas mostram que o tempo de estudo está diretamente relacionado ao salário, ou seja, quanto mais anos de estudo tem uma pessoa, maiores são as chances de ganhar um salário melhor e, portanto, de poupar. E, convenhamos, além de contribuir para a construção de um futuro com mais tranquilidade, evitar o desperdício e poupar, é uma forma saudável de viver o presente.

Sim, porque ninguém está livre de um imprevisto, de contas adicionais que podem aparecer de surpresa. Não ter reservas para arcar com esses imprevistos resulta em dor de cabeça, desespero e, muitas vezes, até em grandes crises familiares. Nenhum casamento, por exemplo, resiste muito tempo sendo bombardeado diariamente por crises financeiras.

Reflita sobre como você lida com a sua carreira, com as suas finanças, enfim, com a sua vida. Se, ao final, concluir que vive uma situação equilibrada, em que consegue gastar menos do que ganha e tem condições de fazer uma reserva, ou seja, poupar, ótimo: você está no caminho certo para usufruir de um futuro confortável.

Mas se chegar a um diagnóstico de desorganização, falta de planejamento e instabilidade profissional, está na hora de fazer uma autocrítica. Peça ajuda a familiares ou amigos para reorganizar suas finanças, mude os hábitos e se empenhe para aprender a poupar.

Ter ou não uma boa aposentadoria depende de cada um, da disposição e perseverança para evoluir na carreira e, principalmente, de força de vontade. Compartilhar os planos e as conquistas diárias com a família pode ser uma forma de incentivo. Em geral, quando as pessoas traçam objetivos conjuntos, uma não deixa a outra desanimar: elas entendem que, unindo esforços, fica mais fácil alcançar seus sonhos e metas.

Plano estratégico

Busque sua independência.

Calcule seu futuro.

Invista hoje em sua aposentadoria.

Beneficie seus filhos.

Busque sua independência

Sempre recomendo às pessoas que se programem para guardar mensalmente 10% de seus rendimentos. Esse percentual é a semente do sonho da independência financeira. Por isso, deve ter prioridade na organização das finanças.

Se você já faz isso, ou seja, reserva parte da sua renda mensal para destinar à construção do futuro, mesmo que de forma não sistemática, está em melhor situação do que a maioria. Isso porque poucas pessoas poupam – comportamento que precisa mudar agora, pois se a expectativa de vida continuar aumentando, as chances de que você viva até os 100 anos são reais.

Pense nisso, reflita sobre quantos anos ainda tem pela frente para lidar com o dinheiro que passará por suas mãos. Perceba que ainda existe tempo suficiente para escrever uma nova história. E não é preciso mais do que perseverança e disciplina para fazer isso.

A questão financeira é hoje um tema tão importante quanto a preservação do planeta. Da mesma forma que é preciso refletir e agir agora, respeitando o meio ambiente para não comprometer a qualidade de vida das gerações futuras, é necessário também pensar com consciência sobre como preservar a capacidade de se sustentar ao longo da vida.

Como viver até os 100 anos com dignidade, sem depender dos outros ou do governo? Sim, porque os próprios governos estão endividados. A Previdência Social tem-se revelado ineficiente e o sistema já arca precariamente com o sustento de milhões de pessoas. O problema é tão sério, que vários países já promoveram reformas em seus sistemas previdenciários para evitar um futuro colapso e conseguir garantir o benefício às próximas gerações de aposentados e pensionistas.

Além disso, as consequências de cuidar de idosos que não se estruturaram para garantir o futuro são desastrosas para as famílias. Em muitas delas, um membro acaba sendo escalado para executar tarefas como dar banho, escovar os dentes, trocar a roupa e alimentar o parente (pai, mãe, avós, etc.), além de dar remédio e levá-lo ao médico.

Acontece que, para fazer isso, essas pessoas podem ter de deixar de lado a própria vida. Quem não ouviu falar ou conhece alguém que teve de abandonar o emprego para cuidar de algum familiar idoso? O trabalho é tão grande que já existe até uma doença, conhecida como "estresse do cuidador" – uma mistura de culpa, raiva e depressão que costuma acometer pessoas encarregadas de lidar com o idoso.

Por isso mesmo, estão aumentando no Brasil as casas de repouso e clínicas que se propõem a abrigar as pessoas mais velhas, temporária ou permanentemente. Elas tentam suprir uma necessidade agravada pelo fato de as famílias hoje estarem menores, ou seja, há menos gente disponível para cuidar do idoso. Além disso, as mulheres – sobre as quais acaba recaindo a responsabilidade – participam mais ativamente do mercado de trabalho e não têm tempo.

Dois problemas, no entanto, envolvem essa alternativa de abrigar o idoso em uma instituição especializada. Um deles é se certificar de que o lugar é mesmo eficiente e adequado, que o interno receberá o tratamento e os cuidados de que necessita e que não sofrerá negligência ou maus-tratos. O outro é arcar com o custo dessa estadia, que pode ser elevado. Nesse caso, voltamos à questão original: a falta de planejamento financeiro para garantir a assistência na velhice.

É que, ciente do aumento da expectativa de vida, os governos e o mercado até ampliam os recursos direcionados ao lazer, aos cuidados, à saúde e ao bem-estar dos idosos, porém apenas dos idosos ativos. Clubes recreativos, salões de dança, academias e parques – são vários os espaços onde eles podem se exercitar, caminhar, passear, ler ou descansar. O que falta são alternativas aos que mais precisam: os doentes, com dificuldades de locomoção, que exigem acompanhamento médico e nutricional.

Calcule seu futuro

Quando são questionadas sobre o valor que têm guardado para garantir um futuro tranquilo, muitas pessoas argumentam que, embora não possuam uma reserva em espécie, contam com um patrimônio importante, formado por casa, carro ou terreno.

De fato, são ótimas conquistas, que representam o resultado de empenho e determinação ao longo da vida. Mas é preciso lembrar que casa própria e veículo não são bens que rendem dinheiro.

Ao menos não imediatamente. Um carro e uma casa contribuem – e muito – para a qualidade de vida, mas para mantê-los é preciso inclusive gastar dinheiro, com impostos e manutenções.

É importante, portanto, ter consciência de que só o dinheiro poupado pode, de fato, ser considerado um investimento de liquidez, ou seja, de que você pode dispor imediatamente, logo que precisar.

Só ele é capaz de conduzir você à independência financeira, rendendo juros que garantam a manutenção de seu atual padrão de vida. Ainda que você viva 100 anos.

Todas essas ponderações podem ser materializadas com cálculos simples. Veja, a seguir, uma simulação feita para uma pessoa com 30 anos de idade, que pretende se aposentar aos 60 anos e possui hoje um rendimento mensal de R$ 1.800,00.

Vamos supor que ela guardasse R$ 300,00 por mês. Atualizando o valor poupado mensalmente em 5% ao ano (que é mais ou menos equivalente à inflação) e investindo em caderneta de poupança, com juros de 0,65% ao mês, o resultado seria:

Idade da aposentadoria	60
Ganho mensal	R$ 1.800,00
Valor inicial depositado mensalmente	R$ 300,00
Acréscimo (anual) ao valor depositado (Inflação)	5%
Rendimento mensal da aplicação	0,65%
Valor total poupado aos 60 anos	R$ 561.600,00
Rendimento mensal	**R$ 3.650,40**

Confira, abaixo, o cálculo ano a ano:

ANO	TOTAL APLICADO	TOTAL APLICADO + RENDIMENTO
1º ano	3.600,00	3.731,53
2º ano	3.780,00	7.951,33
3º ano	3.969,00	12.708,20
4º ano	4.167,45	18.055,37
5º ano	4.375,82	24.050,84
6º ano	4.594,61	30.757,83
7º ano	4.824,34	38.245,20
8º ano	5.065,56	46.587,96
9º ano	5.318,84	55.867,75
10º ano	5.584,78	66.173,48
11º ano	5.564,02	77.601,86
12º ano	6.157,22	90.258,14
13º ano	6.465,08	104.256,78
14º ano	6.788,34	119.722,28
15º ano	7.127,75	136.789,98
16º ano	7.484,14	155.607,00
17º ano	7.858,35	176.333,26
18º ano	8.251,27	199.142,51
19º ano	8.663,83	224.223,51
20º ano	9.097,02	251.781,33
21º ano	9.551,87	282.038,66
22º ano	10.029,47	315.237,34
23º ano	10.530,94	351.639,91
24º ano	11.057,49	391.531,42
25º ano	11.610,36	435.221,21

26º ano	12.190,88	483.045,05
27º ano	12.800,42	535.367,25
28º ano	13.440,44	592.583,09
29º ano	14.112,46	655.121,40
30º ano	14.818,09	723.447,33
Total geral	**239.179,85**	**723.447,33**

De acordo com essa simulação, a pessoa ultrapassaria o valor necessário para conquistar sua independência financeira por volta dos 58 anos. A conta é simples. Mas, para chegar a esse resultado, é preciso ter disciplina e perseverança ao abrir mão, mensalmente, de parte dos rendimentos.

Ainda segundo esse exemplo, o valor a ser acumulado é de R$ 561.600,00, para que a pessoa possa obter um rendimento mensal de R$ 3.650,00, ou seja, o dobro do ganho atual. Dessa forma, manteria o padrão de vida que tem hoje, no valor de R$ 1.800,00, e teria uma sobra para continuar a se capitalizar com a diferença entre os juros recebidos e o custo de manutenção do padrão de vida.

Invista hoje em sua aposentadoria

Para que você sinta de forma mais intensa o impacto que essa mudança pode trazer à sua vida, proponho um desafio: calcule o quanto deveria ter poupado até agora para se considerar no caminho da sua independência financeira.

Continuarei com o exemplo da pessoa com 30 anos de idade e rendimentos mensais de R$ 1.800,00 (que totalizam R$ 23.400,00 por ano, incluindo a parcela do 13º). Observe quanto essa pessoa deveria ter acumulado de dinheiro até agora.

Idade atual	30 anos
Quanto ganhou no último ano	R$ 23.400,00
Resultado X 10%	R$ 702.000,00
Valor poupado que gere riqueza	R$ 70.200,00
Rendimento mensal (0,65% ao mês)	R$ 456,30

Nesse exemplo, uma pessoa que recebe um salário de R$ 1.800,00 mensais deveria ter poupado até os 30 anos um total de R$ 70.200,00.

Na planilha a seguir, você poderá fazer seus próprios cálculos para saber quanto dinheiro guardado deveria ter para estar a caminho de sua independência financeira.

Idade atual
Quanto ganhou no último ano
Resultado X 10%
Valor poupado que gere riqueza
Rendimento mensal (0,65% ao mês)

Antes de ficar desanimado ou entrar em desespero, preste atenção a um ponto importante. O cálculo que você acaba de fazer não tem importância a partir de agora. Ele está aí simplesmente para que você tome consciência do que foi a sua vida financeira até aqui. Agora você precisa virar o jogo.

A responsabilidade do que fazemos está diretamente ligada ao grau de consciência que temos de nossos atos. Sua consciência deve estar agora plenamente iluminada: acabou o tempo das desculpas e justificativas. Sua prova final acaba de começar, na disposição, na disciplina e na constância de aplicar o que estou ensinando e conferir a extraordinária mudança que a vida lhe reserva.

Esqueça o passado e concentre-se no agora, no modo como você precisa agir, no equilíbrio necessário para cultivar e garantir a sua aposentadoria a partir de hoje. Veja no exemplo a seguir como é possível alcançar a independência financeira na aposentadoria:

Idade com que deseja se aposentar	60 anos
Quanto ganhou no último ano	R$ 23.400,00
Resultado X 40%	R$ 1.404.000,00
Valor que deverá ter para a aposentadoria	R$ 561.600,00
Rendimento mensal (juros na aplicação 0,65% a.m.)*	R$ 3.560,40

*Observe que o valor dos juros ganhos na aplicação mensal deverá ser sempre, no mínimo, o dobro do seu rendimento mensal ou padrão de vida atual.

Para descobrir quanto você precisa acumular para sua aposentadoria, anote o seu ganho dos últimos 12 meses (mais a parcela do 13º salário) e insira na tabela a idade com que pretende se aposentar. O resultado mostrará o valor que você deverá ter poupado ao longo da vida, ou seja, o suficiente para manter o padrão de vida atual em sua aposentadoria.

Imagine que esse seja o seu número, como se fosse o número do seu sapato, e tenha-o sempre em mente. Preencha o quadro a seguir ou, se preferir, utilize a fórmula disponível no portal da DSOP Educação Financeira (www.dsop.com.br). Refaça anualmente essa fórmula, pois o seu ganho vai aumentar e quanto mais você ganhar, maior deve ser a sua reserva financeira.

Idade com que deseja se aposentar
Quanto ganhou no último ano
Resultado X 40%
Valor que deverá ter para a aposentadoria
Rendimento mensal (juros na aplicação 0,65% a.m.)*

*Observe que o valor dos juros ganhos na aplicação mensal deverá ser sempre, no mínimo, o dobro do seu rendimento mensal ou padrão de vida atual.

Beneficie seus filhos

Algumas instituições financeiras oferecem produtos direcionados especialmente para garantir o futuro dos filhos. Esses planos de previdência privada nada mais são do que contas com rendimentos semelhantes aos da poupança, em que os pais podem depositar um valor mensal a partir do nascimento da criança.

Assim, quando for adulta, ela tanto poderá sacar o montante poupado para arcar com seus estudos, como dar continuidade aos depósitos feitos pelos pais e manter a reserva para garantir um futuro tranquilo depois da aposentadoria.

Nesse tipo de investimento, é importante respeitar uma metodologia em relação à quantidade e à periodicidade do depósito. O ideal é que ele seja mensal. Quanto ao valor, deve-se estabelecer um mínimo fixo, que exija planejamento e controle constante das despesas e do orçamento doméstico para assegurá-lo.

Alguns hábitos também podem ajudar a poupar. Um deles é comprar um cofrinho assim que a criança nascer e mantê-lo em casa para receber todas as moedas que se acumulam na carteira ou bolsa. Parece bobagem, mas o valor somado ao final de cada mês pode surpreender e fazer diferença no montante a ser depositado na conta dos pequenos. Além do mais, o hábito é divertido, desafiador e pode ajudar os pais a ensinar às crianças o valor do dinheiro e a importância de não desperdiçá-lo comprando por impulso e sem necessidade.

De tempos em tempos, o cofrinho deve ser esvaziado e o dinheiro depositado em uma aplicação, como a poupança. Quando o saldo da conta atingir cerca de R$ 3.000,00, converse com o seu gerente sobre a possibilidade de transferir o montante para um fundo de renda fixa, que em geral rende mais.

Faça o mesmo quando o valor no fundo de renda fixa atingir R$ 10.000,00, ou seja, avalie transferir a aplicação para o tesouro direto ou para a previdência privada. Ao mesmo tempo, continue poupando, enchendo o cofrinho e transferindo as aplicações, sempre após consultar não somente o gerente de sua conta. Também recomendo que você pesquise em três outras instituições financeiras (bancos e seguradoras) observando os rendimentos, as taxas e os riscos de cada modalidade.

Mesmo após as mudanças, a caderneta de poupança ainda traz muitas vantagens, como a facilidade de aplicar qualquer quantia em qualquer época e sua liquidez. O rendimento da poupança rende em média 6% ao ano, o que tem sido inferior à inflação do ano.

O retorno, isto é, a rentabilidade do dinheiro aplicado, costuma ser menor do que a da maioria dos fundos, mas, em compensação, sobre o valor não incidem impostos nem taxa de administração. Além do mais, em caso de problemas na instituição financeira onde está depositada a poupança, o Fundo Garantidor de Crédito (FGC), entidade do governo, assegura as aplicações até um determinado valor.

Por essas características, a poupança é a modalidade mais indicada para quem não gosta de correr riscos e não tem grandes somas para investir.

A dica para os aplicadores, no entanto, é não sacar o dinheiro antes da chamada data de aniversário da conta, ou seja, um mês após a aplicação, que é quando será acrescentado o rendimento.

Já os fundos de renda fixa, apesar de serem também considerados uma aplicação conservadora, não estão livres de riscos e não garantem rendimento fixo. A rentabilidade depende da composição do fundo, mas em geral é maior do que a oferecida pela poupança.

O problema é que, na modalidade, é preciso arcar com a taxa de administração, que acaba consumindo parte dos ganhos, e, dependendo do valor aplicado, torna o fundo menos vantajoso do que a poupança. É que quanto menor o volume aplicado, maior costuma ser a taxa de administração cobrada pelos bancos.

Além disso, o rendimento está sujeito ao recolhimento de Imposto de Renda, o que acaba fazendo com que a modalidade não seja indicada aos que têm menos de R$ 3.000,00 disponíveis para investir.

Seja qual for a aplicação, o importante é pensar no futuro: seu, de sua família e de seus filhos. Em alguns países, essa preocupação é levada tão a sério que os governos abrem uma espécie de conta-poupança para cada recém-nascido e depositam nela um valor inicial, que os pais podem continuar complementando com depósitos adicionais até os filhos completarem 18 anos. Uma das ideias dos governos que adotam a medida é justamente a de criar o hábito de poupar desde cedo entre os mais jovens.

Mas é preciso ter em mente que poupar não é apenas evitar gastar o dinheiro que sobra. Até porque, para a maioria das pessoas, nem há sobra. Por isso, é bom fixar uma meta mensal, mesmo que o valor seja pequeno, e incluir esse item no orçamento. E lembre-se: para que essa meta seja cumprida, frequentemente será necessário deixar de consumir alguma coisa.

Procure não sofrer com essa mudança de hábito. Recorde as dezenas de vezes em que desejou muito fazer uma compra, sacrificou-se para isso e, no final, a satisfação nem foi tão grande assim.

Pior: em muitos casos, o bem tão sonhado acabou se revelando um trambolho sem utilidade, que passou a ocupar espaço em casa e juntar poeira, como aquela bicicleta ergométrica que acabou se transformando em cabide ou a lavadora de louça que gastava tanta energia elétrica e, por isso, passou a servir de armário e apoio para uma infinidade de objetos de cozinha.

Quero ainda chamar a atenção no que se refere a guardar o dinheiro para uma aposentadoria sustentável. É importante não se esquecer de que é preciso viver o hoje, o amanhã e o depois.

Portanto, reúna a família, converse sobre sonhos de curto prazo (até um ano), de médio prazo (até dez anos) e de longo prazo (acima de dez anos), que é o sonho da aposentadoria. Os investimentos devem estar alinhados ao tempo dos sonhos. Por exemplo:

Curto prazo – Caderneta de Poupança

Médio prazo – CDB (Certificado de Depósitos Bancários), Fundo de Renda Fixa, Tesouro Direto

Longo prazo – Previdência Privada, Tesouro Direto, Ações

---

*Ações – é preciso entender que se trata de um investimento de risco. Comprar ações é o mesmo que comprar parte da empresa e caso ela "quebre", você poderá perder todo o dinheiro.

** Para aplicações de médio e longo prazos é preciso pesquisar sempre em grandes instituições (seguradoras e bancos) por meio de especialistas (gerentes de investimentos e corretores de valores).

Aposentadoria na prática

Planeje sua reserva.

Programe a adesão a um plano.

Entenda a previdência privada.

Planeje sua reserva

Como já disse, para construir a independência financeira você deve reter 10% do que ganha. Acredito, no entanto, que ao começar a poupar e fazer dessa prática um hábito, você certamente perceberá que o percentual é insuficiente.

Isso porque o valor talvez não seja adequado para que você mantenha o padrão de vida com o qual está acostumado. Assim, se quiser atravessar a terceira idade com qualidade de vida, deve considerar seriamente a possibilidade de contratar um plano de previdência privada ou fazer um investimento semelhante.

Muita gente já está atenta a isso. De acordo com dados do setor, em 2012 o volume de aportes em previdência complementar no Brasil cresceu cerca de 30% em relação a 2011. Especialistas do setor acreditam que os brasileiros estão ficando mais previdentes e, por isso, estimam que até 2019 o mercado de previdência privada totalizará R$ 1 trilhão em ativos. Hoje, esse número é de R$ 300 bilhões.

Há outro dado animador. Pesquisa recente feita por uma empresa de previdência privada com 1,2 milhão de clientes constatou que a maioria deles tem menos de 40 anos e economiza cada vez mais para ter uma aposentadoria tranquila. Segundo o levantamento, 38% dos investidores têm até 30 anos, 23% têm de 31 a 40 anos, 18% têm de 41 a 50 anos e 21% têm mais de 50 anos. A maioria é solteira (59%) e do sexo masculino (53%).

Em relação ao valor investido, o montante médio mensal dos depósitos totalizou R$ 277,00 em 2012, o que representa um acréscimo de 35% em relação a 2009, quando a média foi de R$ 205,00. A região do país que registrou maior crescimento da previdência privada foi a Sul, com 15%, seguida da Norte, com 11%; Sudeste, com 10%; Centro-Oeste, com 8%; e Nordeste, com 7%.

No entanto, mesmo que esteja aumentando a consciência do brasileiro em relação à necessidade de garantir uma aposentadoria tranquila e que também os jovens estejam mais atentos a isso, ainda é pequena a parcela da população que possui plano de previdência privada. Estimativas de instituições financeiras mostram que apenas 6% dos brasileiros têm algum tipo de complementação ao Instituto Nacional de Seguridade Social (INSS).

Aliás, ao contrário do que muita gente acredita, o desconto do INSS não é apenas um vilão que reduz os rendimentos mensais. Ele é, sim, uma poupança compulsória criada e administrada pelo Governo Federal que, apesar das deficiências, tem sido a única salvação da maioria da população aposentada. Afinal, é a Previdência Social que garante a sobrevivência de milhões de cidadãos que passaram grande parte da vida trabalhando e contribuindo para a criação de riquezas para o país.

Por isso, avalie o teto máximo do INSS, ou seja, o limite máximo de valor que receberá ao se aposentar, e siga esta lógica: se hoje você tiver uma remuneração maior, certamente precisará complementar essa aposentadoria, caso queira manter o mesmo padrão de vida atual.

O problema, admitido pelos especialistas do setor de previdência privada, é que, apesar dos avanços, o hábito de poupar não é tão comum no Brasil como em outras nações. Tanto que o país aparece em 16º lugar em pesquisas mundiais no critério "guardar dinheiro".

A Previdência Social estima que existam 28 milhões de brasileiros, o equivalente a um terço da população economicamente ativa, sem nenhum tipo de proteção social, seja pública ou privada. Ao simplesmente ignorar essa questão sobre o seu futuro, essas pessoas correm o risco de depender financeiramente de familiares ou do Estado quando completarem 60 anos.

Programe a adesão a um plano

Existem vários planos de previdência privada (também chamada de previdência complementar) disponíveis no mercado. Assim, se você tiver recursos, não deixe de contratar um deles. Busque informações com o gerente do seu banco, pesquise na internet, converse com amigos, familiares ou vizinhos que já têm plano, avalie o tipo de contrato que mais se adequa à sua realidade e às suas necessidades futuras.

Acesse também o site das seguradoras e instituições financeiras e confira as condições oferecidas, pois muitas delas não cobram taxa de carregamento – incidente na previdência privada assim como a taxa de administração. Ambas também podem ser negociadas com os bancos e as seguradoras. O ideal é que a taxa de administração não seja superior a 1%.

Se for possível, faça ainda um seguro de vida ou um seguro capitalizado, ou seja, que alie o seguro à capitalização em dinheiro. Dessa forma, em caso de morte ou invalidez, sua família poderá manter o padrão de vida planejado e não sofrerá uma ruptura financeira num momento difícil de perda.

Mas atenção: quando menciono um seguro de vida, não estou me referindo a um contrato sem planejamento, do tipo que o banco faz quando libera um financiamento. Falo de um seguro de vida no qual o titular tenha direito ao valor do prêmio ideal, necessário para cobrir e manter um padrão de vida já consolidado. E isso inclui todas as fases futuras da vida familiar, como estudo dos filhos ou até mesmo perda de trabalho por parte do titular e provedor da casa. Para isso, é necessário descobrir qual o valor capaz de garantir um rendimento mensal – em forma de juros –, de preferência o dobro do equivalente ao padrão de vida atual.

O mais adequado é usar como parâmetro o cálculo que apresentei na página 37 para a aposentadoria. Assim, em caso de sinistro, isto é, da ocorrência de dano ou perda, o prêmio do seguro será equivalente ao valor que terá de ser guardado para manter o padrão de vida da sua família.

Outra recomendação é fazer somente o seguro de vida do provedor principal, ou seja, o responsável por proporcionar a maior parte da renda familiar. Como complemento, é sempre aconselhável ter ainda uma reserva financeira estratégica para cobrir eventuais gastos não previstos sem precisar mexer nos valores poupados para a independência financeira familiar.

Se após todas essas informações que apresentei você resolver contratar um plano, independentemente da modalidade, é importante responder às seguintes perguntas em relação ao seu futuro:

No que depender de mim, em que situação financeira viverão meus filhos e netos?

Como estará minha vida financeira até lá?

Terei conquistado, em termos materiais, tudo o que almejo?

Essas conquistas serão suficientes para que eu tenha uma vida tranquila?

Entre as conquistas, estará a aposentadoria sustentável?

Contarei com uma reserva para possíveis imprevistos?

Possuo um plano de assistência médica que me garantirá segurança no futuro?

Entenda a previdência privada

Como já expliquei, a previdência privada é um tipo de aplicação como qualquer outro que traz como benefício para o trabalhador uma renda complementar. Trata-se de uma aposentadoria contratada, cujos valores depositados são aplicados pela seguradora ou por outra instituição responsável pelo plano. Muita gente não sabe é que no Brasil existem duas espécies de previdência privada: a aberta e a fechada.

Nas duas, o mecanismo é o mesmo: a pessoa paga mensalmente um valor durante o tempo em que está trabalhando, que varia conforme sua renda e o seu planejamento. O saldo, ou seja, a quantia acumulada, pode ser retirado de uma só vez ou recebido mensalmente, como em uma pensão ou aposentadoria tradicional.

Todas as instituições que trabalham com planos de previdência privada aberta são fiscalizadas pela Superintendência de Seguros Privados (Susep), órgão do Ministério da Fazenda, em cujo site (www.susep.gov.br) você pode fazer cálculos e consultas.

Já as Entidades Fechadas de Previdência Complementar (EFPC), conhecidas também como fundos de pensão,

são instituições sem fins lucrativos que mantêm e administram planos coletivos de previdência.

Eles são permitidos apenas aos funcionários de uma empresa e aos servidores da União, dos estados, do Distrito Federal e dos municípios, chamados de patrocinadores, e a empresas, entidades representativas e órgãos de classe, chamados de instituidores.

A fiscalização das EFPC cabe à Superintendência Nacional de Previdência Complementar (Previc), e a regulação fica a cargo da Secretaria de Políticas de Previdência Complementar (SPPC), do Ministério da Previdência Social. Para acessar a relação de entidades fechadas de previdência privada, acesse o site (www.mpas.gov.br).

Os planos de benefício de previdência complementar são divididos em três tipos, de acordo com o contrato, que pode envolver entidades abertas ou fechadas. Veja, a seguir, a diferença básica entre eles e busque mais informações a respeito com o corretor ou agente com quem negociará o contrato.

Plano de Benefício Definido: Garante um benefício de aposentadoria definido pelo participante ao contratar o plano, ou seja, no momento da adesão é fixado o valor de acordo com o tempo de serviço ou do salário médio recebido. É como se fosse uma poupança previdenciária solidária. Nessa modalidade, a contribuição varia conforme uma série de fatores.

Plano de Contribuição Definido: Também assegura um benefício de aposentadoria, mas o valor não é determinado no regulamento e dependerá da contabilização das contribuições. Nesse caso, a fórmula que será aplicada no cálculo das contribuições é estabelecida na contratação do plano.

Plano de Contribuição Variável: Também conhecido como plano misto, combina critérios das duas outras modalidades: de benefício definido e de contribuição definida.

No universo da previdência privada existem ainda duas siglas das quais você já deve ter ouvido falar: PGBL, que significa Plano Gerador de Benefício Livre, e VGBL, cujo significado é Vida Gerador de Benefício Livre.

Os dois são planos de previdência que permitem acumular recursos por um tempo predeterminado. A diferença entre eles está na forma como seus participantes são tributados. No PGBL, é possível deduzir o valor das contribuições da base de cálculo do Imposto de Renda até o limite de 12% de sua renda bruta anual. Isso significa que você poderá diminuir o valor do imposto a pagar ou aumentar sua restituição.

Por exemplo: se você tem um rendimento bruto anual de R$ 30.000,00 (o equivalente a R$ 2.500,00 por mês), poderá declarar ao fisco R$ 26.400,00. O Imposto de Renda sobre os R$ 3.600,00 restantes (12%) aplicados em PGBL só será pago quando você resgatar esse dinheiro.

Essa modalidade é vantajosa, no entanto, apenas para quem faz a declaração de Imposto de Renda pelo formulário completo e é tributado na fonte.

Já no VGBL, a tributação ocorre somente sobre o ganho das aplicações. Assim, é indicado para quem faz a declaração simplificada do Imposto de Renda ou não é tributado na fonte, como os autônomos. Também é mais recomendado às pessoas que pretendem aplicar mais de 12% da receita bruta em previdência.

Descanso merecido

Todo cuidado é pouco.

Livre-se dos equívocos.

Usufrua com segurança.

Todo cuidado é pouco

Ao contratar um plano de previdência privada, você precisa ter em mente que o investimento é de longo prazo. Isso significa que é necessário um planejamento cuidadoso, além de bastante critério na definição do valor a ser destinado mensalmente – para que sua retirada não comprometa o orçamento familiar – e na estimativa do montante a receber ao final do período de contribuição.

Tão importante quanto esses cuidados é confiar na instituição financeira com a qual se pretende fechar contrato. Ela deve ser sólida e transparente. Assim, para garantir a segurança de sua aplicação, você deve pesquisar e conferir sua credibilidade no mercado, seu patrimônio, notícias relacionadas na imprensa e, se possível, conversar com alguém que já é cliente da instituição.

A transparência que deve prevalecer no relacionamento com os clientes significa, por exemplo, ela se dispor a divulgar seus resultados com regularidade e de forma simples, para que você possa acompanhar a situação de seu plano (rentabilidade, alterações, etc.).

Além disso, os recursos devem ser administrados de maneira eficiente. Para assegurar que isso esteja sendo feito, observe as rentabilidades registradas nos últimos anos e compare-as com as de outros planos e instituições, verifique os fundos oferecidos, os índices pelos quais as contribuições foram atualizadas e outros itens importantes para a preservação de seu dinheiro.

As taxas cobradas (de carregamento, administração e saída do fundo) também devem ser motivo de comparação e negociação. Afinal, como já afirmei, há instituições que podem até isentá-lo de algumas cobranças para conquistá-lo.

Outro foco de atenção deve ser a reversão de excedente financeiro, ou seja, da diferença entre o indicador adotado pela instituição e a rentabilidade resultante da aplicação das reservas para benefícios do plano previdenciário. A reversão ocorre no momento em que uma parte desse excedente é destinada ao investidor.

É fundamental ainda ler atentamente o regulamento do plano e, acima de tudo, escolher o mais adequado ao seu perfil. Para fazer isso, é preciso identificar qual será o seu projeto futuro: financiar os estudos dos filhos, fazer uma viagem inesquecível ou manter o atual padrão de vida após a aposentadoria?

Isso definido, identifique a melhor modalidade de acordo com o seu padrão como contribuinte – se o PGBL ou VGBL –, calcule quanto do seu orçamento atual pode ser destinado à manutenção do plano, enfim, adote todas as precauções e os cuidados necessários para garantir um futuro de sucesso.

Várias instituições financeiras mantêm, em seus sites, simuladores que possibilitam verificar, de acordo com a idade e o valor das contribuições mensais, de quanto seria o benefício à época do resgate. Lembro ainda que ao consultar as instituições, você poderá fazer a portabilidade do plano de previdência para outra instituição sem qualquer custo nessa operação.

De acordo com um desses simuladores, uma pessoa de 30 anos que passasse a contribuir hoje com um valor de R$ 350,00 para a previdência e declarasse Imposto de Renda pelo formulário simplificado, acumularia em 35 anos, em um plano VGBL com rentabilidade média, R$ 740.226,94 – montante com o qual ela poderia contar a partir da aposentadoria, aos 65 anos de idade.

Faça algumas simulações. No site de algumas instituições é possível até mesmo projetar os ganhos de filhos recém-nascidos. Visualizando o valor que teria acumulado ao se aposentar, você pode se animar a fazer até mesmo contribuições superiores – medida que pode acabar levando-o a uma reeducação financeira e ao equilíbrio.

Livre-se dos equívocos

A falta de hábito de poupar e a cultura do imediatismo e do consumismo acabam resultando em entendimentos equivocados sobre o funcionamento da previdência privada. Muita gente ainda acredita que é preciso ter muito dinheiro para adquirir um plano, pensamento que não condiz com a realidade. Existem produtos no mercado que possibilitam contribuições inferiores a R$ 50,00 por mês.

Depois de iniciados, muitos planos também permitem que as contribuições sejam feitas a qualquer momento, ou seja, é possível, com as sobras de recursos ou com ganhos extras – como o 13º salário –, engordar a poupança para o futuro.

Da mesma forma, é um mito a ideia de que os planos de previdência são indicados apenas a um determinado perfil de renda ou classe social. Há produtos disponíveis para todos os perfis.

Mais equivocada ainda é a ideia de que os jovens não devem se preocupar com a aposentadoria, pois ainda têm muito tempo pela frente. Isso porque, como já observamos, quanto mais cedo começar a poupar, menos dinheiro terá de ser destinado por mês. E, caso o jovem queira elevar sua contribuição mensal, quanto antes ela começar a ser depositada, maior será o volume de recursos acumulado para a aposentadoria.

Outro erro é achar que as pessoas um pouco mais velhas já não têm mais tempo para adquirir um plano de previdência privada. Quem já passou dos 40, 45 anos, por exemplo, deve lembrar que há pela frente mais 15 ou 20 anos de trabalho e contribuição até a aposentadoria.

Além disso, como mostram as várias pesquisas já mencionadas, estamos vivendo mais. Por isso, mesmo que se comece um pouco mais tarde, ainda há tempo para garantir tranquilidade na terceira idade.

Outro fator que estimula o planejamento do futuro é a valorização crescente das pessoas mais velhas, o que reflete em mais oportunidades de emprego. Ou seja, pode ser que, ao chegar aos 60, 65 anos, muitas pessoas nem pensem em parar de trabalhar. Nesse caso, estender o tempo de vida profissional significa aumentar também o período de contribuição ao plano e, por consequência, o valor a ser resgatado.

Além disso, para os participantes, é sempre importante ter, paralelamente à contribuição, um seguro de vida que garanta outros benefícios como proteção contra a morte ou invalidez. Isso é importante se levarmos em conta que a probabilidade de desenvolver certas doenças aumenta com a idade.

A depressão, por exemplo, pode ser resultado de aspectos como abandono ou doenças incapacitantes, mas pode ocorrer também em virtude da frustração de um sonho não realizado, da falta de apoio social e de atividades e de problemas financeiros decorrentes da falta de planejamento com a aposentadoria.

Usufrua com segurança

Com todas essas ponderações, espero que, independentemente da sua idade, você ao menos passe a refletir um pouco mais sobre o seu futuro e como irá viver e se manter com qualidade após o encerramento da vida profissional.

Como você viu, não há grandes dificuldades nesse desafio. Bastam determinação e organização para controlar os gastos e evitar o consumo por impulso. A lógica é simples: não gastar mais do que ganha. Assim, com equilíbrio, é possível poupar para garantir uma reserva financeira suficiente para proporcionar um futuro mais tranquilo.

Minha recomendação é que você destine mensalmente 10% de todo o seu rendimento exclusivamente à construção do seu futuro, ou seja, nada de imaginar que esse dinheiro está disponível para ser usado no caso de uma emergência, ou, pior ainda, na realização de algum capricho.

De acordo com os ensinamentos da Metodologia DSOP de Educação Financeira, é preciso sempre guardar dinheiro para três sonhos: curto prazo (até um ano), médio prazo (até dez anos) e longo prazo (acima de dez anos). Temos que viver sempre realizando desejos e sonhos, por isso, nada de guardar apenas para a aposentadoria.

Lembre que também é importante planejar a carreira e conduzi-la de forma sólida e estável, pois a permanência por mais tempo em uma mesma empresa, assim como obter promoções e aumentos de salários, têm impactos importantes na aposentadoria.

Além disso, dedicar-se, estudar e se aperfeiçoar para conseguir vaga em uma empresa grande e sólida em geral significa usufruir de benefícios que farão diferença no futuro, uma vez que podem ajudá-lo a poupar, como auxílio-refeição, assistência médica e odontológica ou auxílio-creche.

Se no leque de benefícios constar um plano de previdência privada, melhor ainda: é fundamental aderir a ele e contribuir mensalmente, junto com a empresa, para a manutenção do padrão de vida depois que parar de trabalhar.

Assim como a carreira, é possível começar agora mesmo a planejar sua vida financeira após a aposentadoria. Os cálculos são simples, como você viu nos exemplos deste fascículo. Se encontrar dificuldades em fazer a sua projeção, acesse o site de uma seguradora ou empresa de previdência privada e simule a aposentadoria de acordo com as suas possibilidades.

Aderindo ou não a alguns desses planos, você poderá ao menos verificar a quantia mensal necessária para garantir um rendimento satisfatório depois que encerrar sua vida profissional.

Esses sites permitem ainda fazer o mesmo em relação aos filhos, ou seja, você pode simular uma poupança até mesmo para os recém-nascidos, que poderão continuar engordando o saldo após completarem 18 anos e, assim, enfrentar a velhice com menos dificuldades.

As regras da previdência privada não são complicadas. Informe-se sobre elas, peça orientações a conhecidos e ao gerente do banco onde mantém conta e entenda as diferenças entre os planos, assim como entre as aplicações financeiras.

Sim, porque é importante fazer o dinheiro render e o cofrinho do futuro engordar. Só com uma reserva, você poderá usufruir com tranquilidade o merecido descanso após tantos anos de trabalho.

E mais: aproveitar o tempo livre para viajar, se reunir com os amigos, se alimentar adequadamente, cuidar da saúde e experimentar a sensação de dever cumprido.

Quero ainda registrar que não ficamos velhos, idosos ou de "terceira e melhor idade". Ao longo da minha carreira profissional como educador e terapeuta financeiro, venho defendendo uma nova forma de nomear esse momento em que o ser humano adquire sua melhor forma, percepção, conhecimento e sabedoria, e, com isso, resolvi chamá-los de JOVENS POR MAIS TEMPO! Boa sorte em sua caminhada rumo à aposentadoria sustentável.

DSOP
Educação
Financeira

Disseminar o conceito de Educação Financeira, contribuindo para a criação de uma nova geração de pessoas financeiramente independentes. A partir desse objetivo foi criada, em 2008, a DSOP Educação Financeira.

Presidida pelo educador e terapeuta financeiro Reinaldo Domingos, a DSOP Educação Financeira oferece uma série de produtos e serviços sob medida para pessoas, empresas e instituições de ensino interessadas em aplicar e consolidar o conhecimento sobre Educação Financeira.

São cursos, seminários, workshops, palestras, formação de educadores financeiros, capacitação de professores, pós-graduação em Educação Financeira e Coaching, licenciamento da marca DSOP por meio da rede de educadores DSOP e Franquia DSOP. Cada um dos produtos foi desenvolvido para atender às diferentes necessidades dos diversos públicos, de forma integrada e consistente.

Todo o conteúdo educacional disseminado pela DSOP Educação Financeira segue as diretrizes da Metodologia DSOP, concebida a partir de uma abordagem comportamental em relação ao tema finanças.

Reinaldo
Domingos

Reinaldo Domingos é professor, educador e terapeuta financeiro, presidente e fundador da DSOP Educação Financeira e da ABEFIN – Associação Brasileira dos Educadores Financeiros. Publicou os livros Terapia Financeira; Eu Mereço Ter Dinheiro; Livre-se das Dívidas; Ter Dinheiro não tem Segredo; O Menino do Dinheiro – Sonhos de Família; O Menino do Dinheiro – Vai à Escola; O Menino do Dinheiro – Ação entre Amigos; O Menino e o Dinheiro; O Menino, o Dinheiro e os Três Cofrinhos; e O Menino, o Dinheiro e a Formigarra.

Em 2009, idealizou a primeira Coleção Didática de Educação Financeira para o Ensino Básico do Brasil, já adotada por diversas escolas brasileiras.

Em 2012, criou o primeiro Programa de Educação Financeira para Jovens Aprendizes, já adotado por diversas entidades de ensino profissionalizante, e lançou o primeiro Programa de Educação Financeira para o Ensino de Jovens e Adultos – EJA.

Contatos do autor

No portal da DSOP Educação Financeira (www.dsop.com.br) você encontra todas as simulações, testes, apontamentos, orçamentos e planilhas eletrônicas.

Contatos do autor:

reinaldo.domingos@dsop.com.br

www.dsop.com.br

www.editoradsop.com.br

www.reinaldodomingos.com.br

www.twitter.com/reinaldodsop

www.twitter.com/institutodsop

www.facebook.com/reinaldodomingos

www.facebook.com/DSOPEducacaoFinanceira

www.facebook.com/editoradsop

Fone: 55 11 3177-7800